AF260014

DISCOURS

PRONONCÉ PAR

M. L'ABBÉ GUILLAUMET

Chanoine honoraire,

SUPÉRIEUR DU COLLÉGE DE L'IMMACULÉE-CONCEPTION DE SAINT-DIZIER (HAUTE-MARNE)

A L'OCCASION DU MARIAGE

DE

M. PAUL LESCUYER AVEC Mlle VALENTINE PONSARD

OMEY (MARNE), 12 AOUT 1873.

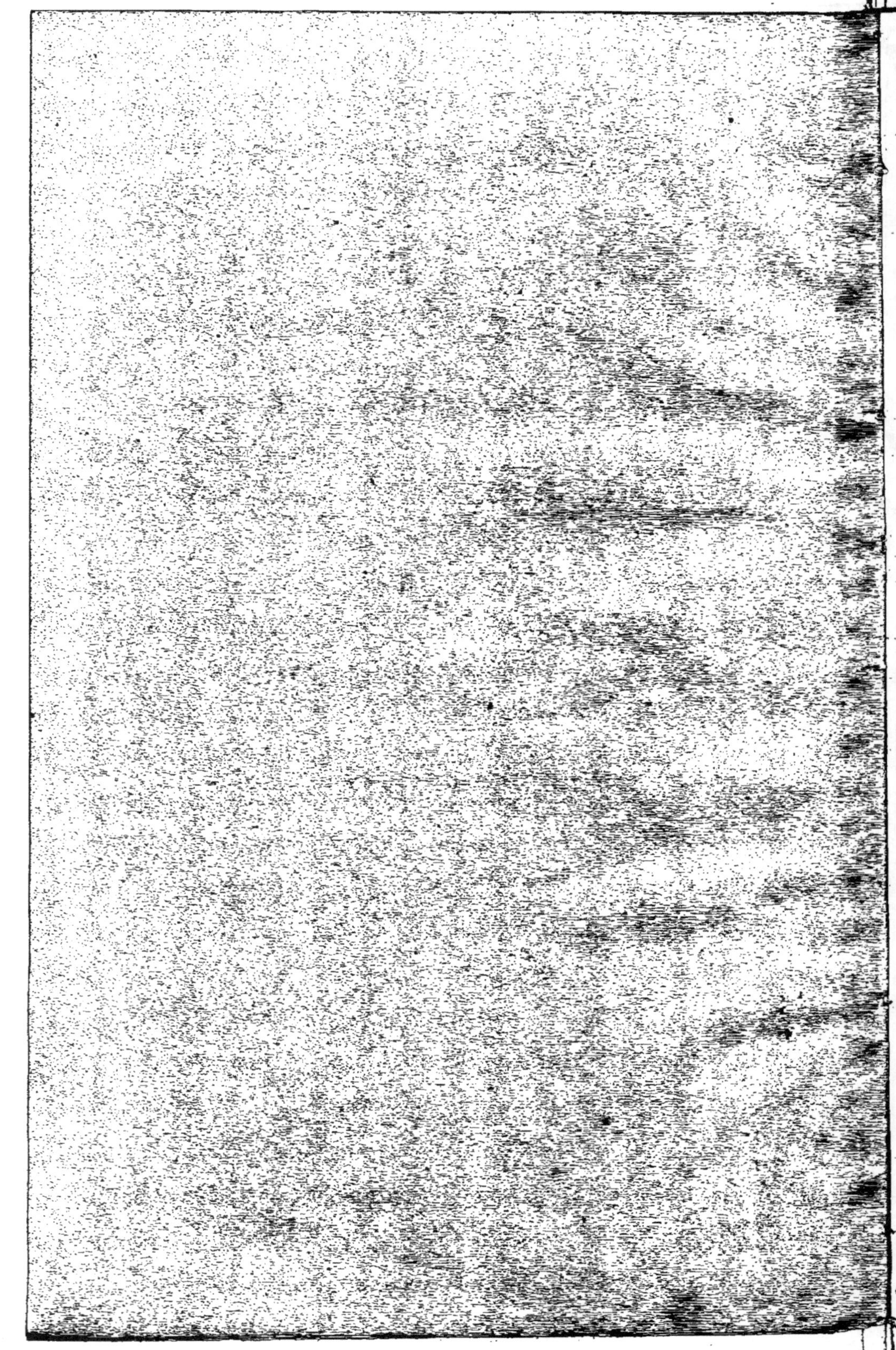

DISCOURS

PRONONCÉ PAR

M. L'ABBÉ GUILLAUMET

Chanoine honoraire,

SUPÉRIEUR DU COLLÉGE DE L'IMMACULÉE-CONCEPTION DE SAINT-DIZIER (HAUTE-MARNE)

A L'OCCASION DU MARIAGE

DE

M. PAUL LESCUYER AVEC Mlle VALENTINE PONSARD

OMEY (MARNE), 12 AOUT 1873.

DISCOURS

DE

M. L'ABBÉ GUILLAUMET

A L'OCCASION DU MARIAGE DE

M. PAUL LESCUYER AVEC Mlle VALENTINE PONSARD.

MONSIEUR ET MADEMOISELLE,

C'est avec bonheur que je viens bénir ce mariage, et j'en remercie M. le Curé qui veut bien me céder ses droits.

En présence d'une union chrétienne, il est bon de se recueillir et d'élever ses pensées et son cœur en haut.

C'est en Dieu que se trouve la raison de toutes choses, et surtout de celle qui nous occupe en ce moment. *Sursum corda!* Rien de plus grave et de plus important que la sainte cérémonie qui nous réunit.

Après l'auguste sacrement de l'Eucharistie, avec lequel celui-ci a tant d'analogie, y a-t-il rien de plus sacré, de plus grand, de plus mystérieux que l'union légitime de l'époux et de l'épouse ?

Quelle est en effet la matière qui sert aux autres sacrements ? de l'eau, de l'huile, des éléments inanimés. Ici, dans le mariage, la matière est un corps et une âme vivante, formés sur le type de

Jésus-Christ et à l'image de Dieu : corps et âme devenus sacrés par le baptême, la confirmation l'eucharistie. Si l'on doit du respect aux matières inanimées à cause de leur sanctification, combien plus à un corps, à une âme devenus les temples de l'Esprit divin !

« On trouverait difficilement, disent nos doc-
» teurs des paroles qui expriment convenablement
» l'excellence du mariage chrétien :

» L'Eglise en forme le nœud, l'offrande du saint
» Sacrifice le confirme, la bénédiction du prêtre y
» met le sceau divin, les anges en sont les témoins,
» Dieu dans le ciel ratifie. »

Et quelle alliance ! faire de deux créatures humaines une seule âme, un seul cœur, un seul corps ! Tout sera désormais commun à tous deux : sollicitudes, joies, tristesses, plaisirs, prières, aumônes, larmes, douleurs, devoirs, la vie toute entière ! Aussi saint Paul, rattachant cette alliance des époux à l'union de Jésus-Christ et de l'Eglise, dit ces paroles étonnantes : « Ce sacrement est grand, je vous l'affirme, en Jésus-Christ et en l'Eglise ; *Sacramentum hoc magnum est, in Christo et in Ecclesia.* »

C'est donc une chose très-sainte que le mariage ; participation de la fécondité de Dieu créateur ; image de l'union entre les trois personnes divines en une seule essence ; irradiation de la grandeur, de la bonté, de l'amabilité de Dieu, de sa puissance, de sa sagesse, de son amour ! Père, mère et enfant, trinité de la terre ! *Sacramentum hoc magnum est !*

Telle est la véritable origine, tel est le type

réalisé dès le commencement, de la famille humaine destinée à peupler la terre et ensuite le ciel! *Creavit Deus hominem ad imaginem suam, masculum et feminam creavit eos.* D'où la conclusion dont l'écho doit se répéter dans vos cœurs tous les jours de votre vie : la volonté de Dieu pour vous, c'est votre sanctification : *Hæc est voluntas Dei sanctificatio vestra.*

Jeunes fiancés chrétiens, vous comprenez ce langage; environnés des attentions les plus tendres et les plus éclairées pendant toute votre enfance et votre jeunesse, par une prédestination spéciale de Dieu, vous avez donné votre réponse à la grâce divine par une vie pure, sage, modeste, laborieuse! Vous êtes préparés aux grands devoirs qui vous attendent.

Dans notre temps agité, tourmenté de tant de façons diverses et contradictoires, un caractère énergique est nécessaire : il faut une affirmation, sérieuse et par les œuvres, de ce qu'on est et de ce qu'on veut être : vos convictions sont solides, et quelles que soient les épreuves par lesquelles vous passerez, parce que notre chemin en est semé, vous trouverez dans votre foi religieuse, vos espérances et votre charité, un secours puissant et efficace, et vous vous soutiendrez l'un l'autre dans la rigoureuse loi du devoir.

Formé à tout ce qui fait l'homme et le chrétien, mon cher ami, par une famille honorable et honorée, vous vous souviendrez toujours qu'honneur oblige. J'espère fermement qu'en tout temps on pourra dire de vous, dans le bon sens, ce que je sais : tel il a été, tel il sera : *adolescens juxtà viam suam, etiam cùm senuerit, non recedet ab eâ.*

Dès le commencement vous êtes entré dans la bonne voie, grâce aux soins assidus d'une excellente mère, grâce à la sollicitude incomparable d'un père qui vous a consacré tous les instants de son existence ; votre intelligence et votre cœur se sont développés sous la douce et forte influence des pensées et des sentiments les plus nobles et les plus généreux. Ce chemin, vous le continuerez vaillamment : *etiam cum senuerit, non recedet ab eâ.*

A l'homme bon et animé de ces dispositions, Dieu accordera les dons les plus précieux pour le gouvernement de sa vie : sagesse, science, joie ; la sagesse pour bien juger de toutes choses ; la science pour bien élever sa famille, soutenir les travaux de son état, et réussir dans ses entreprises ; et enfin le contentement et la joie du devoir bien rempli ; promesse divine qui a ses certitudes pour l'homme de bonne volonté : *homini bono in conspectu suo dedit Deus sapientiam, et scientiam, et lætitiam.*

Rien n'égale, vous le savez par expérience, mon cher ami, le bonheur de bien faire. *Cognovi,* disait un roi des temps antiques, *quod non esset meliùs nisi lætari et bene facere in vitâ suâ,* deux choses inséparables selon l'ordre de la Providence qui doit donner à chacun selon ses œuvres : *in manu Domini prosperitas hominis.*

Et vous, Mademoiselle, si parfaitement élevée dans une famille des plus distinguées de ce pays, vous avez aussi reçu les enseignements de la sagesse sur les genoux de votre mère ; et ces premières semences indestructibles ont porté leur fruit surabondamment.

Votre esprit s'est ouvert à la vraie science de la vie, comme votre cœur à tout ce qui est bien, *os suum aperuit sapientiæ,* votre existence de femme chrétienne en sera l'expression : votre loi sera celle de votre éducation, bonté, amabilité, bienfaisance héréditaire, *et lex clementiæ in linguâ ejus,* et vos œuvres seront votre louange, *et laudant in portis opera ejus.*

Vous rendrez à une famille toujours affligée une enfant qui était sa joie, et, autant que possible, vous la remplacerez ; car j'ai souvent entendu dire que vos qualités en rappelaient le souvenir doux et ineffaçable.

En ce moment, vous quittez l'abri si tendre de l'aile maternelle pour vous attacher à votre époux, séparation qui a bien quelque tristesse malgré les joies de l'union qui va se consommer ; mais ces deux familles depuis longtemps n'en font qu'une, et ces enfants, sous les yeux qui ne les quitteront pas, se soutiendront l'un l'autre dans le bien. Qu'ils soient bénis du Ciel et que le bon Dieu, qui par les événements qu'il dirige, a fixé d'une manière positive, dès le commencement, la destinée de ces existences si chères, les garde de tout mal et les confirme dans leurs bonnes dispositions.

Recevez donc, mes enfants, ce sacrement comme les grands chrétiens, et vous aurez douceur et satisfaction au foyer domestique et vous réaliserez l'idéal de la vraie famille.

Dites-vous l'un à l'autre, comme le Patriarche

Tobie à son fils : « Ne craignons rien, nous pouvons éprouver toutes sortes de tribulations, personne n'en est exempt ; mais nous avons des ressources qui ne se perdent pas, si nous craignons, aimons et servons Dieu, si nous nous éloignons de tout mal et si nous pratiquons le bien : *Noli timere : pauperem vitam gerimus, sed multa bona habebimus, si timuerimus Deum, et recesserimus ab omni malo, et fecerimus benè.* »

Voilà ce que vous aurez toujours en vue, même au milieu des richesses et des jouissances, parce que vous saurez en user comme le permet le souverain dispensateur des biens et des maux.

Et maintenant, fléchissons les genoux devant Dieu, le père de Notre-Seigneur Jésus-Christ, de qui toute toute paternité descend dans le ciel et sur la terre, pour qu'il vous accorde de plus en plus et vous conserve ce qui est préférable à tout, sa grâce et son amour, afin que vous passiez une vie pure, sainte, tranquille et heureuse : *ut tranquillam vitam agatis in omni pietate et castitate.*

La pureté et la sainteté du mariage ! oh ! que le Seigneur vous la fasse toujours comprendre et apprécier ! car l'avenir du monde appartient aux peuples moraux ; et ce qui donne aux peuples moralité, puissance, bonheur, ce sont les familles nombreuses, chastes et chrétiennes.

Que le bon Dieu vous bénisse donc de toutes ses bénédictions, afin que vous-mêmes vous le bénissiez pendant toute votre vie et au-delà.

Châlons, imp. T. Martin.